ORDONNANCE
DU ROY,

CONCERNANT LES SUBSTITUTIONS.

Donnée au Camp de la Commanderie du vieux Jonc, au mois d'Août 1747.

LOUIS par la grace de Dieu Roy de France & de Navarre : A tous préfens & à venir, SALUT. Dans la réfolution que Nous avons prife de faire ceffer l'incertitude & la diverfité des Jugemens qui fe rendent dans les differens Tribunaux de notre Royaume, quoique fur le fondement des mêmes Loix : La matiere des Donations entre-vifs & celle des Teftamens, Nous ont paru par leur importance devoir être les premiers objets de notre attention, & elles ont fait le fujet de nos Ordonnances des mois de Février 1731. & d'Août 1735. Nous nous fommes propofés enfuite d'établir la même uniformité de Jurifprudence à l'égard des Subftitutions fidei-Commiffaires, qui peuvent fe faire également par l'un & par l'autre genre de difpofition ; mais la matiere des fidei-Commis, fort fimple dans fon origine, eft devenue beaucoup plus compofée, depuis que l'on a commencé à étendre les Subftitutions, non-feulement à plufieurs Perfonnes appellées les unes après les autres, mais à plufieurs dégrés, ou à une longue fuite de Générations. Il s'eft formé par-là, comme un nouveau genre de Succeffion, où la volonté de l'homme prenant la

A

place de la Loi, a donné lieu d'établir auffi un nouvel ordre de Jurifprudence, qui a été reçû d'autant plus favorablement, qu'on l'a regardé, comme tendant à la confervation du Patrimoine des Familles,
& à donner aux Maifons les plus Illuftres, le moyen d'en foutenir l'é-
clat : mais le grand nombre de difficultés qui fe font élevées, foit
fur l'interprétation de la volonté, fouvent équivoque du Donateur ou
du Teftateur, foit fur la compofition de fon Patrimoine, & fur les
differentes détractions, dont les Fidei-commis font fufceptibles, foit
au fujet du recours fubfidiaire des Femmes, fur les Biens grévés de
Subftitution, a fait naître une infinité de Procès, qu'on a vû même
fe renouveller plufieurs fois à chaque ouverture du fidei-commis ; enforte que par un événement contraire aux vûes de l'Auteur de la Subftitution, il eft arrivé que ce qu'il avoit ordonné pour l'avantage de
fa Famille, en a caufé quelquefois la ruine. D'un autre côté, la néceffité d'affurer & de favorifer la liberté du Commerce, ayant exigé de
la fageffe de la Loi, qu'elle établît des formalités néceffaires pour rendre les Subftitutions publiques, la négligence de ceux qui étoient obligés de remplir ces formalités, eft devenue une nouvelle fource de conteftations, où les fuffrages des Juges ont été fufpendus entre la faveur
d'un Créancier, ou d'un Acquereur de bonne foi, & celle d'un Subftitué qui ne devoit pas être privé des Biens fubftitués, par la faute
de celui qui étoit chargé de les lui remettre. C'eft par toutes ces confi-
dérations, qu'après avoir pris les avis des principaux Magiftrats de nos
Parlemens, & des Confeils Superieurs de notre Royaume, qui Nous
ont rendu un compte exact de leurs Jurifprudences differentes ; Nous
avons crû que les deux principaux objets de la matiere des Fidei-commis, demandoient que Nous partageaffions cette Loi en deux Titres
differens. Le premier comprendra tout ce qui concerne les Subftitutions Fidei-commiffaires, confiderées en elles-mêmes, & les droits
qui peuvent être exercés fur les Biens fubftitués. Le fecond regardera
les Obligations impofées à ceux qui font grevés de Subftitution, foit
pour leur donner le caractere de publicité qui leur eft néceffaire, foit
pour affurer la confiftance & l'emploi des Effets qui en font partie,
foit pour l'Expedition & le Jugement des conteftations qui s'élevent
dans une matiere fi importante : Si la multitude & la fubtilité des
queftions abftraites dont elle eft remplie, l'oppofition qui regne à cet
égard, non-feulement entre les opinions des plus célébres Jurifcon-
fultes, mais entre les Jugemens des Tribunaux les plus éclairés, &
la néceffité de réfoudre des doutes où le poids prefque égal des rai-
fons qu'on oppofe de part & d'autre, rend le choix fi difficile entre les
fentimens contraires, ont retardé plus long-tems que Nous ne l'au-
rions defiré, la publication de cette Ordonnance, Nous efperons que
nos Peuples en feront dédommagés par la grande attention que Nous
avons eu à la mettre dans l'état de perfection dont elle pouvoit être

fufceptible. Loin de vouloir y donner la moindre atteinte à la liberté de faire des Subftitutions , Nous ne nous fommes propofés que de les rendre plus utiles aux Familles , & notre application à prévenir toutes les interprétations arbitraires par des régles fixes & uniformes, ne fervira qu'à faire refpecter encore plus la volonté des Donateurs & des Teftateurs, en les obligeant feulement à l'expliquer d'une maniere plus expreffe. C'eft ainfi que Nous donnerons à nos Sujets une nouvelle preuve du foin que Nous prenons de maintenir le bon ordre au-dedans de notre Royaume, par l'autorité de nos Loix, dans le tems même que Nous fommes le plus occupés à le défendre au-dehors par la force de nos Armes , dont le principal objet eft de procurer le grand bien de la Paix , à un Peuple fi digne de notre affection par fon attachement pour notre Perfonne , & par le zéle qu'il fait éclater tous les jours de plus en plus pour notre Service. A ces causes & autres à ce Nous mouvans, de l'avis de notre Confeil, & de notre certaine Science , pleine Puiffance & autorité Royale , Nous avons dit , déclaré & ordonné, difons, déclarons & ordonnons; Voulons & Nous plaît ce qui fuit :

TITRE PREMIER.

Des Biens qui peuvent être fubftitués, des claufes, conditions, & de la durée des Subftitutions , & des Droits qui peuvent être exercés fur lefdits Biens.

ARTICLE PREMIER.

LEs Subftitutions Fidei-commiffaires dans les Pays où elles font en ufage , pourront être faites par toutes Perfonnes capables de difpofer de leurs Biens, de quelque Etat & Condition qu'elles foient.

II. Les Biens qui font Immeubles par leur nature, pourront être chargés de Subftitution, encore qu'ils fuffent réputés Meubles à certains égards, par les difpofitions des Loix ou Coutumes des Lieux.

III. Les Offices & les Rentes conftituées à prix d'Argent ou autrement, pourront être chargés de Subftitution, foit dans les Pays où les Biens de ladite qualité font réputés Immeubles , foit dans ceux où ils font regardés comme Meubles ; & en cas de vente, fuppreffion, ou réunion defdits Offices, ou de rachat defdites Rentes, il fera fait employ du prix defdits Offices, porté par le Contrat de Vente, ou qui aura été par Nous fixé, ou du Principal defdites Rentes, en cas de remboursement : le tout suivant les regles qui seront prescrites dans le Titre second de la présente Ordonnance.

IV. Les Deniers comptans, Meubles, Droits & Effets Mobiliers, seront censés compris dans la Substitution, lorsqu'elle sera apposée à une disposition universelle, ou faite par forme de quotité, à moins qu'il n'en ait été autrement ordonné par l'Auteur de la Substitution ; & il en sera fait emploi, ainsi qu'il sera reglé par le Titre second, à l'exception de ceux qui seront ci-après marqués.

V. Les Biens mentionnés dans l'Article précédent, ne pourront être chargés d'aucune Substitution particuliere, qu'en cas qu'il ait été ordonné expressément par l'Auteur de la Substitution, qu'il sera fait emploi des Deniers comptans, ou de ceux qui proviendront de la Vente, ou du recouvrement desdits Meubles, Droits ou Effets Mobiliers.

VI. N'entendons comprendre dans la disposition des deux Articles précédens, les Bestiaux & Ustencilles servans à faire valoir les Terres, lesquels seront censés compris dans les Substitutions desdites Terres, sans distinction entre les dispositions universelles & particulieres, & le Grevé de Substitution ne sera point tenu de les vendre, & d'en faire emploi ; mais il sera obligé de les faire priser & estimer, ainsi qu'il sera reglé par le Titre second, pour en rendre d'une égale valeur, lors de la restitution du fidei-Commis, à peine de tous dépens, dommages & intérêts.

VII. Les Meubles meublans, & autres choses Mobiliaires qui servent à l'usage ou à l'ornement des Châteaux ou Maisons pourront être chargés des mêmes Substitutions que les Châteaux ou Maisons où ils seront, pour être conservés en nature, pourvû néanmoins que l'Auteur de la Substitution l'ait ainsi ordonné expressément, soit qu'il s'agisse d'une Substitution universelle, ou qu'elle soit particuliere ; & en ce cas, le Grevé de Substitution, sera tenu de les rendre en nature, tels qu'ils seront lors de la restitution du fidei-commis, à peine de tous dépens, dommages & intérêts.

VIII. Faisons défenses de faire aucune Substitution universelle ou particuliere, sous la condition de conserver en nature aucuns autres Effets Mobiliers, que ceux qui sont mentionnés dans les deux Articles précédens, à peine de nullité de la Substitution, à l'égard desdits Effets. Voulons que celui auquel ladite condition auroit été imposée les possede librement, sans même qu'il soit tenu d'en imputer la valeur sur ses détractions.

IX. Les Substitutions apposées aux Donations entre-vifs, ne pourront avoir leur effet à l'égard des Meubles ou Effets Mobiliers, qu'en cas qu'il en ait été fait un état signé des Parties, & annexé à la Minute de la Donation, lequel état contiendra l'estimation desdits Meubles & Effets ; le tout à peine de nullité de la Substitution à l'égard desdits Effets, sans préjudice au surplus de l'exécution de l'Article XV. de notre Ordonnance du mois de Février 1731. concernant les Donations.

X. Le Donataire chargé de Subſtitution , ſera tenu de faire emploi du prix des Meubles & Effets qui auront été compris dans l'état mentionné en l'Article précedent, lequel emploi ſera fait ſuivant ce qui ſera preſcrit par le Titre ſecond de la préſente Ordonnance.

XI. Les Subſtitutions faites par un Contrat de Mariage, ou par une Donation entre-vifs, bien & dûement acceptées , ne pourront être révoquées , ni les clauſes d'icelles changées , augmentées ou diminuées par aucune convention ou diſpoſition poſterieure , même du conſentement du Donataire ; & en cas qu'il renonce à la Donation faite en ſa faveur , la Subſtitution ſera ouverte au profit de ceux qui y auront été appellés.

XII. La diſpoſition de l'Article précedent aura lieu pareillement par rapport aux Inſtitutions contractuelles. Voulons que leſdites Inſtitutions, comme auſſi les Subſtitutions qui y ſeront appoſées, ſoient irrévocables , ſoit entre Nobles ou entre Roturiers , dans tous les Pays où elles ſont en uſage.

XIII. Les Biens qui auront été donnés par un Contrat de Mariage , ou par une Donation entre-vifs , ſans aucune charge de Subſtitution , ne pourront en être grevés par une Donation ou diſpoſition poſterieure , encore qu'il s'agiſſe d'une Donation faite par un Pere à ſes Enfans , que la Subſtitution comprenne expreſſément les Biens donnés , & qu'elle ſoit faite en faveur des Enfans ou deſcendans du Donateur ou du Donataire.

XIV. Lorſque la Donation ou l'Inſtitution contractuelle aura été faite , à la charge de remettre les Biens donnés à celui que le Donateur ou le Donataire voudra choiſir , celui qui ſera élû , ne pourra ſous prétexte de l'Election faite en ſa faveur , être chargé d'aucune Subſtitution.

XV. Le contenu aux deux Articles précedens ſera executé , quand même le Contrat de Mariage ou l'Acte de Donation contiendroit une réſerve faite par le Donateur , de la faculté de charger dans la ſuite de Subſtitution les Biens par lui donnés , laquelle réſerve ſera regardée à l'avenir comme nulle & de nul effet , ſans préjudice de l'exécution des réſerves portées par des Actes anterieurs à la Publication de la preſente Ordonnance.

XVI. N'entendons rien innover par les Articles XIII. XIV. & XV. en ce qui concerne les diſpoſitions, par leſquelles le Donateur feroit une nouvelle liberalité au Donataire , ſoit entre-vifs ou à cauſe de mort , à condition que les Biens qu'il lui avoit précédemment donnés , demeureroient chargés de Subſtitution ; & en cas que ledit Donataire accepte la nouvelle liberalité faite ſous ladite condition , il ne lui ſera plus permis de diviſer les deux diſpoſitions faites à ſon profit, & de renoncer à la feconde pour s'en tenir à la premiere, quand même il offriroit de rendre les Biens compris dans la feconde difpofition avec les fruits par lui perçûs.

XVII. Dans le cas porté par l'Article précédent, où le Donataire auroit accepté la nouvelle liberalité faite fous la condition de Subftitution, même pour les Biens précédemment donnés, ladite Subftitution n'aura effet que du jour qu'il l'aura acceptée, ou qu'il en aura fait ordonner l'exécution à fon profit.

XVIII. N'entendons que la difpofition des Articles XIII. XIV. & XV. puiffe avoir effet pour les Donations entre Mari & Femme, ou faite par le Pere de Famille aux Enfans, étans en fa puiffance, ou autre Donation, à caufe de mort, dans les Pays où elles font en ufage.

XIX. Les Enfans qui ne feront point appellés expreffément à la Subftitution, mais qui feront feulement mis dans la condition, fans être chargés de reftituer à d'autres, ne feront en aucun cas regardés comme étans dans la difpofition, encore qu'ils foient dans la condition en qualité de mâles ; que la condition foit redoublée, que les Grevés foient obligés de porter le nom & armes de l'Auteur de la Subftitution, & qu'il y ait prohibition de faire détraction de la quarte Trébellianique, ou qu'il fe trouve des conjectures tirées d'autres circonftances, telles que la Nobleffe & la coutume de la Famille, ou la qualité & la valeur des Biens fubftitués, ou autres préfomptions, à toutes lefquelles Nous défendons d'avoir aucun égard, à peine de nullité.

XX. Ceux qui font appellés à une Subftitution, & dont le droit n'aura pas été ouvert avant leur décès, ne pourront en aucun cas être cenfés en avoir tranfmis l'efperance à leurs Enfans ou Defcendans, encore que la Subftitution foit faite en ligne directe par des Afcendans, & qu'il y ait d'autres Subftitués appellés à la même Subftitution, après ceux qui feront décedés, & leurs Enfans ou Defcendans.

XXI. La repréfentation n'aura point lieu dans les Subftitutions, foit en directe ou en collaterale, & foit que ceux en faveur de qui la Subftitution aura été faite, y ayent été appellés collectivement, ou qu'ils ayent été défignés en particulier, & nommés fuivant l'ordre de la Parenté qu'ils avoient avec l'Auteur de la Subftitution ; le tout à moins qu'il n'ait ordonné par une difpofition expreffe, que la repréfentation y auroit lieu, ou que la Subftitution feroit déferée fuivant l'ordre des Succeffions légitimes.

XXII. Dans les Subftitutions aufquelles les Filles font appellées au défaut des mâles, elles recueilleront les Biens fubftitués dans l'ordre qui aura été reglé entre elles par l'Auteur de la Subftitution ; & s'il n'a pas marqué expreffément ledit ordre, celles qui fe trou-

veront les plus proches du dernier Poffeffeur defdits Biens , les recueilleront en quelque degré de Parenté qu'elles fe trouvent , à l'é-
gard de l'Auteur de la Subftitution , & encore qu'il y eût d'autres Filles
qui en fuffent plus proches , ou d'une branche aînée.

XXIII. Dans les Subftitutions faites , fous la condition que le
Grevé vienne à déceder fans Enfans , le cas prévû par ladite condition , fera cenfé être arrivé , lorfqu'au jour du décès du Grevé , il n'y
aura aucuns Enfans légitimes , & capables des effets civils , fans
qu'on puiffe avoir égard à l'exiftence des Enfans naturels , même lé-
gitimés , autrement que par Mariage fubféquent , ni pareillement à
l'exiftence des Enfans morts civilement , par condamnation pour
crime , ou incapables des Effets civils , par la Profeffion folemnelle
de la vie Religieufe , ou pour quelqu'autre caufe que ce foit.

XXIV. Dans tous les cas où la condamnation pour crime em-
porte mort civile , elle donnera lieu à l'ouverture du fidei-Commis ,
comme la mort naturelle , ce qui fera pareillement obfervé , à l'égard
de ceux qui auront fait Profeffion folemnelle de la vie Religieufe.

XXV. La condition de fe marier fera cenfée avoir manqué , &
celle de ne fe point marier (dans le cas où elle peut être valable)
fera cenfée accomplie , lorfque la Perfonne à qui l'une ou l'autre defdites conditions avoit été impofée , aura fait Profeffion folemnelle
dans l'Etat Religieux.

XXVI. Dans tout Teftament , autre que le Militaire , la caducité de l'Inftitution emportera la caducité de la Subftitution Fidei-
commiffaire , fi ce n'eft lorfque le Teftament contiendra la claufe
codicillaire.

XXVII. La rénonciation de l'Héritier inftitué , ou du Légataire ,
ou Donataire grevé de Subftitution , ne pourra nuire au Subftitué ;
lequel audit cas , prendra la place dudit Héritier , Légataire ou Donataire , foit qu'il y ait une claufe Codicillaire dans le Teftament , ou
qu'il n'y en en ait point ; & pareillement en cas de rénonciation du
Subftitué , celui qui fera appellé après lui prendra fa place.

XXVIII. Celui qui fera appellé à une Subftitution Fidei-com-
miffaire pourra y renoncer , foit après qu'elle aura été ouverte à fon
profit , foit avant que le droit lui en foit échû ; mais dans ce dernier cas , la rénonciation ne fera valable que lorfqu'elle fera faite par
un Acte paffé pardevant Notaires , avec celui qui fe trouvera chargé
de la Subftitution , ou avec le Subftitué qui fera appellé après celui
qui renoncera , duquel Acte il reftera Minutte , à peine de nullité.

XXIX. L'Exhérédation prononcée par les Peres ou Meres , ne
pourra priver les Enfans desherités des Biens qu'ils doivent recueillir ,
en vertu de Subftitutions faites par leurs Afcendans ou autres , fi ce
n'eft que l'Auteur de la Subftitution eût ordonné expreffément , que
les Enfans qui auroient encouru l'Exhérédation , feroient privés des

Biens par lui subſtitués, ou qu'ils ne ſoient dans un des cas où par la diſpoſition des Ordonnances, ils ſont déclarés déchûs & incapables de toutes Succeſſions.

XXX. L'Article LIX. de l'Ordonnance d'Orleans ſera exécuté, & en conſéquence toutes les Subſtitutions faites, ſoit par Contrat de Mariage ou autre Acte entre-vifs, ſoit par diſpoſition à cauſe de mort, en quelques termes qu'elles ſoient conçûes, ne pourront s'étendre au-delà de deux dégrés de Subſtitués outre le Donataire, l'Héritier inſtitué ou Légataire, ou autre qui aura recueilli le premier les Biens du Donateur ou du Teſtateur. N'entendons déroger par la préſente diſpoſition à l'Article LVII. de l'Ordonnance de Moulins, par rapport aux Subſtitutions qui ſeroient antérieures à ladite Ordonnance.

XXXI. Dans les Provinces où les Subſtitutions avoient été étendues par l'uſage juſqu'à quatre dégrés, outre l'Inſtitution, la reſtriction à deux dégrés portée par l'Article précedent, n'aura lieu que pour les Subſtitutions qui y ſeront faites à l'avenir, ſans qu'elle puiſſe avoir effet à l'égard des Subſtitutions faites dans leſdites Provinces, par des Actes entre-vifs antérieurs à la publication des Préſentes, ou par des diſpoſitions à cauſe de mort, lorſque celui qui aura fait leſdites diſpoſitions, ſera décedé avant ladite Publication.

XXXII. N'entendons rien innover quant à preſent, à l'égard des Provinces où les Subſtitutions n'ont pas encore été reſtraintes à un certain nombre de degrés, Nous réſervant d'y pourvoir dans la ſuite, ſur le compte qui Nous en ſera rendu, ainſi que Nous le jugerons convenable pour le bien & avantage de nos Sujets deſdites Provinces.

XXXIII. Les dégrés de Subſtitution ſeront comptés par têtes, & non par ſouches ou générations, de telle maniere que chaque Perſonne ſoit comptée pour un dégré.

XXXIV. En cas que la Subſtitution ait été faite au profit de pluſieurs Freres ou autres appellés conjointement, ils ſeront cenſés avoir rempli un dégré, chacun pour la part & portion qu'il aura recueillie dans leſdits Biens ; en ſorte que ſi ladite part paſſe enſuite à un autre Subſtitué, même à un de ceux qui avoient été appellés conjointement, il ſoit regardé comme rempliſſant à cet égard un ſecond dégré.

XXXV. La diſpoſition des deux Articles précedens, n'aura effet que pour les Subſtitutions qui ſeront faites à l'avenir dans les Pays où l'uſage étoit de compter les dégrés par ſouches, n'entendant rien innover en ce qui concerne les dégrés qui reſtent à remplir des Subſtitutions faites dans leſdits Pays par des Actes entre-vifs, antérieurs à la publication des Préſentes, ou par des diſpoſitions à cauſe de mort, lorſque celui qui aura fait leſdites diſpoſitions ſera décedé avant ladite Publication.

XXXVI.

XXXVI. Lorſque le Grevé de Subſtitution aura accepté la diſpoſition faite en ſa faveur, ſoit expreſſément par des actes ou par des demandes formées en Juſtice, ſoit tacitement, en s'immiſſant dans la poſſeſſion des biens ſubſtituez, il ſera cenſé avoir recueilli l'effet de ladite
diſpoſition ; en ſorte que le premier dégré de Subſtitution ſoit compté
après lui, ce qui aura lieu encore qu'il eût révoqué leſdits Actes, ou
qu'il ſe fût deſiſté deſdites demandes, ou les eût laiſſé périr ou preſ-
crire, ou qu'il offrît de rendre les Biens dont il ſe ſeroit mis en poſſeſſion avec les fruits par lui perçûs. Voulons que le contenu au préſent
Article ſoit pareillement obſervé dans chaque dégré de Subſtitution,
lequel ſera cenſé rempli dans les mêmes cas par chaque Subſtitué.

XXXVII. Lorſque le Grevé de Subſtitution aura renoncé à la diſpoſition faite en ſa faveur, ſans s'être immiſcé dans les Biens ſubſtitués, ou qu'il ſera mort ſans l'avoir acceptée, ni expreſſément, ni tacitement, ſuivant ce qui eſt porté par l'Article précédent, le Subſtitué du premier degré en prendra la place, enſorte que les degrez de
Subſtitution ne ſeront comptés qu'après lui, & dans les mêmes cas
de renonciation ou d'abſtention d'un des Subſtitués, il ne ſera point
cenſé avoir rempli un degré, & celui qui ſera appellé après lui prendra ſa place, le tout encore que la renonciation ou l'abſtention
dudit Grevé ou dudit Subſtitué n'eût pas été gratuite.

XXXVIII. N'entendons néanmoins que la diſpoſition de l'Article
précédent puiſſe avoir lieu dans le cas où les Créanciers du Grevé
ou du Subſtitué auroient été admis à accepter la diſpoſition faite à
ſon profit, ou à demander l'ouverture de la Subſtitution, au lieu de
leurs Débiteurs, pour jouir pendant ſa vie des Biens ſubſtitués, auquel cas les dégrés de Subſtitution ſeront comptés comme s'il avoit
recueilli lui-même leſdits Biens.

XXXIX. Voulons au ſurplus que les Héritiers, ayant cauſes, ou
Créanciers de celui qui aura renoncé à la diſpoſition ou à la Subſtitution faite en ſa faveur, ou qui ſera mort ſans l'avoir acceptée expreſſément ou tacitement, & ſans que ſes Créanciers ayent été admis à l'accepter pour lui, ne puiſſent exercer aucuns droits ſur les Biens ſubſtitués,
au préjudice de ceux qui ſeront appellés après lui à la Subſtitution.

XL. Le Fidei-commiſſaire, même à titre univerſel, ne ſera point
ſaiſi de plein droit, encore que la Subſtitution eût été faite en ligne
directe, mais il ſera tenu d'obtenir la délivrance ou la remiſe du fidei-
commis, & les fruits ne lui ſeront dûs en conſequence dudit Fidei-commis, que du jour de l'Acte par lequel l'exécution de la Subſtitution aura été conſentie, ou de la demande qu'il aura formée à cet
effet, ſans qu'il puiſſe évincer les tiers poſſeſſeurs des Biens compris
dans la Subſtitution, qu'après avoir obtenu ladite délivrance ou remiſe, & avoir ſatisfait à ce qui ſera preſcrit par les Articles xxxv. xxxvi.
& xxxvii. du Titre ſecond de la préſente Ordonnance.

B

XLI. Lorfqu'il échoira de procéder à la diftinction des Biens libres & des Biens fubftitués , & à la liquidation des détractions, les
Héritiers , repréfentans ou ayans caufe de l'Auteur de la Subftitution ,
ou de celui qui en étoit chargé , auront la jouiffance provifoire des
Biens faifant partie de la Succeffion , jufqu'à ce que lefdites diftinction & liquidation ayent été faites. A l'effet de quoi les Juges régle-
ront le délai dans lequel il y fera procédé ; & après l'expiration dudit délai, ils pourront ordonner que celui qui aura droit aux Biens
fubftitués , fera mis en poffeffion de tout ou partie defdits Biens , ou
y pourvoir autrement, ainfi qu'il appartiendra , fuivant l'exigence des
cas.

XLII. La reftitution du fidei-commis faite avant le tems de fon
échéance par quelque Acte que ce foit , ne pourra empêcher que
les Créanciers du Grevé de Subftitution qui feront auterieurs à ladite
remife , ne puiffent exercer fur les Biens fubftitués les mêmes
droits & actions , que s'il n'y avoit point eû de reftitution anticipée , & ce , jufqu'au tems où le fidei-commis devoit être reftitué , ce qui aura lieu , même à l'égard des Créanciers Chirographaires ,
pourvû que leurs Créances ayent une datte certaine avant ladite remife.

XLIII. Ne pourra pareillement ladite reftitution anticipée nuire
à ceux qui auroient acquis des Biens fubftitués de celui qui aura fait
ladite reftitution, & ils ne pourront être évincés par celui à qui elle
aura été faite qu'après le tems où le fidei-commis auroit dû lui être
reftitué.

XLIV. L'hypotéque ou le recours fubfidiaire accordé aux Femmes fur les Biens fubftitués , en cas d'infuffifance des Biens libres ,
aura lieu , tant pour le fond ou capital de la dot , que pour les fruits
ou intérêts qui en feront dûs.

XLV. Ladite hypotéque aura lieu pareillement en faveur de la
Femme & de fes Enfans , tant pour le fond que pour les arrérages
du douaire , foit coutumier ou préfix , à la charge néanmoins que fi
le douaire préfix excédoit le douaire Coutumier , il fera réduit fur
le pied dudit douaire coutumier , eû égard à la quantité des Biens du
Mari , tant libres que fubftitués , fur lefquels le douaire doit avoir
lieu fuivant la difpofition des Coutumes.

XLVI. Dans les Pays où la ftipulation de l'augment de dot eft
ufitée , foit fous ce nom, ou fous celui d'agencement de gain de fur-
vie , ou de donation à caufe de Nôces , ladite hypotéque fubfidiaire
aura lieu , tant pour le principal que pour les intérêts dudit augment ,
& ce , jufqu'à concurrence de la quotité qui eft réglée par les Statuts , Coutumes & Ufages defdits Pays, fans néanmoins qu'en aucun
cas la Femme puiffe exercer ladite hypotéque pour une plus grande
quotité que le tiers de la dot , encore que l'augment fût plus
confiderable

XLVII. En cas que les Biens substitués soient situés dans des Pays régis par des Loix differentes, la Femme du Grevé de Substitution exercera ses droits à l'égard des Biens situés dans les Pays où l'on observe le droit Coutumier, ainsi qu'il est réglé par l'Article XLV. & à l'égard des Biens situés dans les lieux où l'on suit le Droit Ecrit, suivant ce qui est porté par l'Article précédent.

XLVIII. La Femme du Grevé de Substitution n'aura aucun recours sur les Biens substitués pour le Préciput, la donation de Bagues & Joyaux, & généralement pour toutes les autres liberalités & stipulations, non comprises aux Artiles précédens, ni pareillement pour son deuil.

XLIX. Lorsque les Biens qui sont propres à la Femme en Pays Coutumier, où ses Biens dotaux dans les Pays de Droit Ecrit auront été aliénés de son consentement pendant le Mariage, elle n'aura aucun recours pour raison de ce, sur les Biens substitués ; ce qui sera observé, même dans les Pays où l'aliénation desdits Biens est regardée comme nulle & de nul effet, sauf à elle à se pourvoir contre les Détempteurs desdits Biens, suivant les dispositions des Loix, Coutumes ou Statuts qui y sont observés.

L. Il n'y aura pareillement aucun recours sur les Biens substitués pour l'indemnité de la Femme qui se sera obligée volontairement pour son Mari pendant le Mariage, quand même elle auroit acquitté, en tout ou en partie les dettes ausquelles elle s'étoit obligée, & ce, sans distinction entre les Pays où les obligations des Femmes pour leurs Maris sont réputées nulles, & ceux où elles sont regardées comme valables.

LI. En cas de contestation sur la suffisance ou l'insuffisance des Biens libres, les Juges pourront ordonner que par provision la Femme sera payée des intérêts de la dot, & des arrérages du Douaire, ou intérêts de l'augment, agencement, gain de survie, ou donation à cause de Nôces, ou y pourvoir autrement, suivant l'exigence des cas.

LII. Toutes les dispositions des Articles précédens sur l'hypotéque subsidiaire des Femmes auront lieu également dans tous les dégrés de Substitution, & en faveur de chacune des Femmes, que ceux qui sont Grevés de Substitution se trouveront avoir épousées successivement, sans néanmoins qu'aucune desdites Femmes puisse exercer ladite hypotéque contre les enfans ou descendans d'un Mariage antérieur au sien, lorsque ce seront eux qui recueilleront l'effet de la Substitution.

LIII. Lesdites dispositions seront pareillement observées, encore que l'Auteur de la Substitution soit un Parent Collateral, ou un Etranger, pourvû néanmoins qu'elle soit faite en faveur des Enfans du Grevé, ou en faveur d'un autre, au cas que le Grevé vienne à décéder sans Enfans.

B ij

LIV. Les Héritiers, Succeffeurs ou Ayans caufe, & pareillement les Créanciers de la Femme pourront exercer au lieu d'elle, l'hypotéque fubfidiaire fur les Biens fubftitués, encore qu'elle ne l'eût pas exercée elle-même.

LV. Les Adjudications par Décret des Biens fubftitués, ne pourront avoir aucun effet contre les Subftitués, lorfque les Subftitutions auront été publiées & enregiftrées fuivant les régles qui feront prefcrites par le Titre fuivant, ce qui fera obfervé encore que le Subftitué eût un droit ouvert à ladite Subftitution avant le Décret, & même avant la faifie-réelle, & qu'il n'eût point formé d'oppofition audit Décret, le tout, fi ce n'eft que lefdits Biens euffent été vendus pour les dettes de l'Auteur de la Subftitution, ou pour d'autres dettes ou charges antérieures à ladite Subftitution.

LVI. Lorfqu'il y aura des Biens féodaux ou cenfuels compris dans une Subftitution, elle ne pourra nuire ni préjudicier aux Seigneurs dont lefdits Biens font mouvans, & en conféquence il en fera ufé à l'égard de chaque nouveau Poffeffeur des Biens fubftitués, ainfi que s'il avoit pris la place du dernier Poffeffeur defdits Biens, par la voye de la Succeffion ordinaire, ou par une donation; enforte que dans tous les Pays, & dans tous les cas où les Héritiers naturels & légitimes, où les Donataires font fujets dans les mutations au payement du droit de Relief, ou autre droit Seigneurial, chaque Subftitué foit pareillement obligé d'acquitter les mêmes droits, & réciproquement lorfque les Héritiers naturels & légitimes, où les Donataires n'en font pas tenus, les Subftitués en feront pareillement exempts.

TITRE SECOND.

Des Régles à obferver par ceux qui font Grevés de Subftitution, des Juges qui en doivent connoître, & de l'autorité de leurs Jugemens.

ARTICLE PREMIER.

APrès le décès de celui qui aura fait une Subftitution, foit univerfelle ou particuliere, il fera procedé dans les formes ordinaires à l'Inventaire de tous les Biens & Effets qui compofent la

Succeffion, à la requête de l'Héritier inftitué ou legitime, ou du Legataire univerfel, & ce, dans le tems porté par les Ordonnances.

II. Faute par ledit héritier inftitué ou legitime, ou par ledit Legataire univerfel de fatisfaire à l'Article précédent dans le cas où la Subftitution ne feroit pas faite en fa faveur, celui qui devra recueiller les Biens fubftituez fera tenu dans un mois après l'expiration du délai marqué par ledit Article, de faire procéder audit Inventaire en y appellant, outre les perfonnes mentionnées ci-après, ledit Heritier ou ledit Legataire univerfel, qui feront tenus de lui en rembourfer les frais.

III. En cas de négligence de ceux qui font denommés dans les deux Articles précédens, voulons qu'il foit procédé audit Inventaire, à la requête de notre Procureur au Siége de la qualité ci-après marquée, & aux frais dudit Héritier ou dudit Legataire univerfel, s'il eft ainfi ordonné.

IV. L'Inventaire fera fait par un Notaire Royal en préfence du premier Subftitué s'il eft majeur, ou de fon Tuteur ou Curateur s'il eft pupille, mineur, ou interdit, ou du Syndic, ou autre Adminiftrateur, fi la Subftitution eft faite au profit de l'Eglife, ou d'un Hôpital, Corps ou Communauté eccléfiaftique ou laïque.

V. En cas que le premier Subftitué foit fous la puiffance paternelle dans les Pays où elle a lieu, & que le pere foit chargé de Subftitution envers lui, il lui fera nommé un Tuteur ou Curateur à l'effet dudit Inventaire ; & fi le premier Subftitué n'eft pas encore né, il fera nommé un Curateur à la Subftitution, qui affiftera audit Inventaire.

VI. Lorfqu'il y aura lieu de faire l'Inventaire en Juftice fuivant les regles obfervées en cette matiere, il ne pourra y être procédé que de l'autorité du Bailliage, Sénéchauffée, ou autre Siége Royal reffortiffant nuement en nos Cours de Parlement & Confeils Supérieurs dans l'étendue où le reffort duquel étoit le lieu du domicile de l'Auteur de la Subftitution au jour de fon décès, ou qui aura la connoiffance des cas Royaux dans ledit lieu ; ce qui fera éxécuté encore qu'il y ait eu un Scellé appofé par un autre Juge, lequel fera tenu audit cas, de renvoyer les Parties dans le Siége de la qualité ci-deffus marquée, & ledit Inventaire fera fait en préfence de notre Procureur audit Siége, outre les perfonnes denommées dans les deux Articles précédens.

VII. L'Inventaire contiendra la prifée des Meubles, Livres, Tableaux, Pierreries, Vaiffelle, Equipages & autres chofes femblables, ce qui fera obfervé dans les Pays même où il n'eft pas d'ufage de faire ladite Prifée, & il y fera procédé fuivant les formes requifes aufdits Pays dans les cas où l'eftimation des Meubles ou Effets mobiliers y a lieu ; & à l'égard des Pays où ladite Prifée fe fait avec crue dans les Inventaires, Voulons que ladite cruë soit toujours censée faire partie de la Prisée en ce qui concerne la liquidation des droits & des charges de ceux qui seront grevés de Substitution.

VIII. Le grevé de Substitution sera tenu de faire procéder à la vente par affiches & encheres de tous les meubles & effets compris dans la Substitution, à l'exception néanmoins de ceux qu'il pourroit être chargé de conserver en nature suivant la disposition des Articles vi. & vii. du Titre premier de la présente Ordonnance.

IX. Laissons à la prudence des Juges d'ordonner, s'il y échet, que le grevé de Substitution pourra retenir lesdits meubles & effets mobiliers ou partie d'iceux, s'il demande à les imputer suivant ladite Prisée en y ajoutant la cruë, si ladite Prisée a été faite avec une cruë, sur ce qui lui est dû pour ses détractions ou autres droits, sans qu'audit cas il soit tenu de les faire vendre, ni d'en faire employ.

X. Il sera fait employ des deniers provenans du prix des meubles & effets qui auront été vendus, ensemble de l'argent comptant & de ce qui aura été reçu des effets actifs, & ce conformément à ce qui aura été ordonné par l'Auteur de la Substitution, s'il a designé la nature des effets dans lesquels ledit employ doit être fait.

XI. En cas que l'Auteur de la Substitution n'ait pas expliqué ses intentions sur ledit employ, lesdits deniers seront employés d'abord au payement des dettes & remboursement des rentes ou autres charges dont les Biens substitués seroient tenus, si ce n'est qu'il fût plus avantageux à la Substitution de continuer de payer les arrérages desdites rentes & charges, que d'en rembourser les Capitaux, ce que Nous laissons à la prudence des Juges ; & le surplus ou le total, s'il n'y a pas de dettes, rentes ou charges que l'on puisse acquitter, ne pourra être employé qu'en acquisition de fonds de terres, ou maisons, ou en rentes foncieres ou constituées.

XII. Pour assurer ledit employ, Voulons que par la même Ordonnance qui autorisera le Grevé de Substitution, ou celui au profit duquel elle sera ouverte à entrer en possession des Biens substitués suivant la disposition des Art. xxxv. & xxxvi. ci-après, il lui soit enjoint de faire ledit emploi dans un délai qui sera fixé par ladite Ordonnance, & ledit employ sera fait en présence des personnes mentionnées aux Articles iv. & v. ci-dessus.

XIII. Le Grevé de Substitution sera pareillement tenu de faire employ des deniers qu'il pourra recevoir, soit du recouvrement des effets actifs, soit de la vente des Offices, ou en conséquence de la liquidation qui en aura été faite en cas de suppression ou de réunion suivant ce qui est porté par l'Article iii. du Titre premier, soit du remboursement des rentes comprises dans la Substitution, & ce, dans trois mois au plû-tard après qu'il aura reçu lesdits deniers, lequel employ sera fait ainsi qu'il a été ci-dessus reglé, & en présence des perfonnes mentionnées aufdits Articles IV. & V. lefquels pourront faire à cet effet toutes les diligences néceffaires.

XIV. La difpofition de l'Article précédent fera pareillement obfervée, en cas que l'employ ait été fait en rentes rachetables, & qu'elles foient rembourfées.

XV. Faute par celui qui fera chargé de Subftitution d'avoir fait l'employ ou le remploy, ou d'avoir obfervé les regles ci-deffus prefcrites, il en demeurera refponfable fur tous fes biens libres, enfemble de tous dépens, dommages & interêts envers ceux qui font appellés après lui à la Subftitution, fans néanmoins que les Débiteurs des rentes qui auront été rembourfés puiffent être refponfables du défaut d'employ, lorfqu'il n'y aura point eu d'oppofition formée entre leurs mains.

XVI. Tout ce qui a été ci-deffus reglé au fujet dudit employ ou remploy fera obfervé par chacun de ceux qui receuilleront fucceffivement les Biens fubftitués, & fans aucune diftinction entre les Subftitutions faites par une difpofition à caufe de mort, & celles qui feront contenues dans un Acte entre-vifs.

XVII. Le Subftitué aura hypotéque fur les Biens libres de celui qui aura négligé de faire ledit employ ou remploy, ou qui aura fait des aliénations des Biens fubftitués, tant pour les fommes capitales qui lui feroient dues, que pour les dépens, dommages & interêts, à compter du jour que celui qui n'auroit pas fait ledit employ ou remploy, ou qui auroit fait lefdites aliénations, aura recueilli les Biens fubftitués.

XVIII. Toutes les Subftitutions Fidei-commiffaires faites, foit par des Actes entre-vifs ou par des difpofitions à caufe de mort, feront publiées en jugement l'Audiance tenant, & enregiftrées au Greffe du Siége où la publication fera faite ; le tout à la diligence des Donataires, Héritiers inftitués, Legataires univerfels ou particuliers qui feront grevés de Subftitution, même des Héritiers legitimes, lorfque la charge de la reftitution du Fidei-commis tombera fur eux dans les cas de droit.

XIX. La Publication & l'Enregiftrement des Subftitutions feront faits au Bailliage, Sénéchauffée ou autre Siége Royal reffortiffant nuement en nos Cours de Parlement, ou Confeils fupérieurs dans l'étendue où le reffort duquel étoit le lieu du domicile de l'Auteur de la Subftitution, au jour de l'Acte qui la contiendra, fi elle eft faite par un Acte entre-vifs, ou au jour de fon décès, fi elle eft contenue dans une difpofition à caufe de mort, & pareillement dans les Siéges de la même qualité dans l'étendue ou le reffort defquels feront fituées les maifons & terres fubftituées, ou les fonds chargés de rentes foncieres & autres droits réels qui feroient compris dans la Subftitution.

XX. La difpofition de l'Article précédent aura lieu, encore que l'Auteur de la Subftitution eût fon domicile, ou que les Biens fuffent fitués en tout ou en partie dans une Juftice Seigneuriale reffortiffant immédiatement en nos Cours de Parlement, ou Confeils fupérieurs ; auquel cas la Publication & Enregiftrement fe feront dans le Siége Royal de la qualité marquée par l'Article précédent qui y a la con-noiffance des cas Royaux.

XXI. Il ne pourra être procédé à l'avenir à la Publication & Enregiftrement des Subftitutions que dans les Siéges de la qualité mar-quée par les deux Articles précédens, encore que la Subftitution fût antérieure à la Publication de la préfente Ordonnance, ce qui fera obfervé à peine de nullité.

XXII. Lorfque la Subftitution comprendra des rentes conftituées fur Nous, ou fur notre bonne Ville de Paris ou autres Villes, fur le Clergé, ou fur des Pays d'Etats, ou des Offices, elle fera publiée & en-regiftrée dans les Siéges de la qualité ci-deffus marquée, tant du lieu où lefdites rentes fe payent, où dans lequel fe fait l'exercice defdits Offices, que du lieu du domicile de l'Auteur de la Subftitution.

XXIII. Dans le cas où l'employ ci-deffus ordonné aura été fait en acquifition de Maifons ou Terres, Rentes foncieres ou autres Droits réels, ou en conftitution des Rentes mentionnées dans l'Article précé-dent, Voulons, que, tant la Subftitution que l'Acte d'employ foient publiés & regiftrés aux Siéges de la qualité marquée par les Arti-cles xix. & xx. dans lefquels lefdites maifons ou terres, ou les hérita-ges chargés defdites Rentes foncieres ou Droits réels, font fitués, ou dans lefquels lefdites Rentes font payées ; & en cas que la Subftitu-tion y eût été déja publiée & enregiftrée, il fuffira d'y publier & enregiftrer l'Acte d'employ.

XXIV. Dans chacun des Siéges ci-deffus marqués, il fera tenu un Regiftre particulier, qui fera cotté & paraphé à chaque feuillet, clos & arrêté à la fin par le premier Officier du Siége, ou, en fon abfence, par celui qui le fuit dans l'ordre du Tableau ; dans lequel Regiftre fe-ront tranfcrits en entier les Contrats, Donations, Teftamens, ou Co-dicilles qui contiendront des Subftitutions ; à l'effet de quoi la Groffe, ou Expédition defdits Actes fera repréfentée, fans qu'il foit befoin d'en rapporter la Minutte.

XXV. Le Greffier ou Commis du Greffe fera tenu de donner communication dudit Regiftre, fans déplacer à tous ceux qui la de-manderont, & pareillement d'en délivrer un Extrait figné de lui, ou une Expédition toutes les fois qu'il en fera réquis ; le tout, fans qu'il foit befoin d'obtenir une Ordonnance du Juge à cet effet.

XXVI. Voulons que, fuivant ce qui a été réglé par les Articles ii. iii. & v. de Notre Déclaration du 17 Février 1731, il ne puiffe être reçûs par l'Officier qui cottera & paraphera ledit Regiftre, que dix fols pour

ceux

ceux qui feront de cinquante feuillets , vingt fols pour ceux qui auront cent feuillets , & trois livres pour ceux qui en contiendront un plus grand nombre , & ne pourra être pris par le Greffier que dix fols pour fon Droit de Recherche , & pareille fomme pour chaque Extrait qui fera par lui délivré ; & s'il eft réquis de délivrer des Expéditions entieres des Actes enregiftrés , il lui fera payé par Rolle de Groffe le même droit qui fe paye pour les Expéditions en papier au Greffe du Siége.

XXVII. La Publication & Enregiftrement des Subftitutions feront faits dans fix mois , à compter du jour de l'Acte qui les contiendra lorfqu'elles feront portées par un Contrat de Mariage , ou autre Acte entre-vifs , & du jour du décès de celui qui les aura faites , lorfqu'elles feront contenues dans une difpofition à caufe de mort.

XXVIII. Lorfque la Subftitution aura été dûëment publiée & enregiftrée dans ledit délai de fix mois , elle aura effet , même contre les Créanciers & les Tiers-Acquereurs , à compter du jour de fa datte , fi elle eft portée par un Acte entre-vifs , ou du jour du décès de celui qui l'aura faite , fi elle eft contenue dans une difpofition à caufe de mort.

XXIX. Pourra néanmoins être procedé à la Publication & à l'Enregiftrement des Subftitutions après l'expiration dudit délai de fix mois ; mais en ce cas , la Subftitution n'aura effet contre les Créanciers & les Tiers-Acquereurs , que du jour qu'il aura été fatisfait aufdites formalités , fans qu'elle puiffe être oppofée à ceux qui auront contracté avant ledit jour.

XXX. Dans le cas marqué par l'Article xxiii, le délai de fix mois ci-deffus prefcrit , ne courra que du jour de l'Acte qui contiendra l'emploi des deniers provenans de la Subftitution ; & lorfque la Publication & Enregiftrement requis par ledit Article auront été faits dans ledit délai , la Subftitution aura effet fur les Biens mentionnés audit Article , à compter du jour dudit Acte , même contre les Créanciers & Tiers-Acquereurs ; finon elle n'aura effet contre eux , à l'égard defdits Biens , que du jour de la Publication & Enregiftrement.

XXXI. Toutes les Aliénations faites par le Grévé ou par un des Subftitués , au préjudice de la Subftitution , à compter du jour qu'elle doit avoir fon effet contre les Créanciers & les Tiers-Acquereurs , fuivant les Articles précédens , ne pourront nuire aux Subftitués , & en cas qu'ils revendiquent les Biens alienés , les Acquereurs feront tenus de les délaiffer , fauf leur recours fur les Biens libres du Vendeur ; ce qui fera obfervé , encore que le Subftitué fe trouve en même-tems Héritier pur & fimple du Vendeur , fans néanmoins qu'en ce cas , il puiffe dépoffeder l'Acquereur , qu'après l'avoir rembourfé entierement du prix de l'Aliénation , Frais & Loyaux coûts.

XXXII. Les Créanciers & Tiers-Acquereurs pourront oppofer le défaut de Publication & d'Enregiftrement de la Subftitution , même aux Pupilles, Mineurs ou Interdits , & à l'Eglife, Hôpitaux, Communautés, ou autres qui jouiſſent dû privilege des Mineurs, ſauf le recours deſdits Pupilles, Mineurs & autres ci-deſſus nommés, contre leurs Tuteurs, Curateurs, Syndics, ou autres Adminiſtrateurs, & ſans qu'ils puiſſent être reſtitués contre ledit défaut, quand même leſdits Tuteurs, Curateurs, Syndics, ou autres Adminiſtrateurs, ſe trouveroient inſolvables.

XXXIII. Le défaut de Publication & d'Enregiſtrement ne pourra être ſuppléé, ni regardé comme couvert par la connoiſſance que les Créanciers ou les Tiers-Acquereurs pourroient avoir eû de la Subſtitution, par d'autres voyes que celles de la Publication & de l'Enregiſtrement : Voulons que le préſent Article ſoit obſervé, à peine de nullité.

XXXIV. Les Donataires, Héritiers inſtitués, Légataires univerſels, ou particuliers, même les Héritiers légitimes de celui qui aura fait la Subſtitution, ni pareillement leurs Donataires, Héritiers inſtitués ou légitimes, & Légataires univerſels ou particuliers, ne pourront en aucun cas oppoſer aux Subſtitués le défaut de Publication & d'Enregiſtrement de la Subſtitution.

XXXV. Voulant aſſûrer pleinement l'obſervation des Régles ci-deſſus preſcrites pour la conſervation des Droits des Subſtitués, & pour la ſûreté des Familles, Ordonnons qu'à l'avenir les Donataires, Héritiers inſtitués, Légataires univerſels ou particuliers, qui ſeront Grévés de Subſtitution, ou ceux qui prendront leur place à leur défaut, ne pourront ſe mettre en poſſeſſion des Biens compris dans la Subſtitution, qu'en vertu d'une Ordonnance du premier Officier des Siéges mentionnés dans les Articles XIX. & XX, ou, en ſon abſence, de celui qui le ſuit dans l'ordre du Tableau ; laquelle Ordonnance ils ne pourront obtenir qu'en rapportant l'Acte de Publication & d'Enregiſtrement de la Subſtitution, comme auſſi, un Extrait en bonne forme de la clôture de l'Inventaire fait après le décès de l'Auteur de la Subſtitution.

XXXVI. La diſpoſition de l'Article précédent aura lieu pareillement à l'égard de ceux qui recueilleront la Subſtitution, en cas que celui qui en étoit chargé n'ait pas ſatisfait aux formalités preſcrites par ledit Article.

XXXVII. L'Ordonnance requiſe par les deux Articles précédens, ſera donnée ſur une ſimple Requête, à laquelle ſera attaché l'Acte de Publication & d'Enregiſtrement, enſemble l'Extrait en bonne forme de la clôture de l'Inventaire, & ſur les Concluſions de notre Procureur, ſans qu'il ſoit néceſſaire d'y appeller d'autres Parties ; & ſera fait mention expreſſe deſdits Actes dans le vû de ladite Ordonnance, dont la Minutte ſera miſe au Greffe ; le tout à peine de nullité.

XXXVIII. Il ſera payé à l'Officier qui rendra ladite Ordonnance quatre livres dix ſols, à notre Procureur trois livres, & une livre dix ſols au Greffier ; leur défendons de prendre autres, ou plus grands Droits, à peine de concuſſion.

XXXIX. La difpofition des Articles xxxv , xxxvi & xxxvii. fera obfervée, encore que l'exécution des difpofitions portant Subftitution eût été confentie par des Actes volontaires , lefquels ne pourront avoir aucun effet qu'après que ceux, au profit defquels ils auront été faits , auront fatisfait aufdits Articles ; ce qui fera exécuté à peine de nullité.

XL. Voulons qu'il ne puiffe être rendu aucun Jugement fur les demandes qui feroient par eux formées en conféquence des Actes portant Subftitution, qu'après qu'il aura été fatisfait aufdits Articles ; ce qui fera pareillement obfervé à peine de nullité.

XLI. Les Fruits des Biens , dont celui qui aura obtenu l'Ordonnance ci-deffus requife , fera autorifé à prendre poffeffion , lui appartiendront du jour qu'ils lui feront dûs de droit, lorfqu'il aura fait proceder à la Publication & Enregiftrement de la Subftitution dans le délai de fix mois ci-deffus preferit , finon il ne pourra les prétendre que du jour de ladite Publication & Enregiftrement. Voulons que les Fruits échûs avant ledit jour , foient adjugés , & ceux qu'il auroit perçûs, reftitués par forme de peine à celui qui fera appellé après lui à la Subftitution ; & s'il n'étoit pas encore né , à l'Hôpital du lieu où le Jugement fera rendu, ou à l'Hôpital le plus prochain, s'il n'y en a point dans ledit lieu.

XLII. La peine de privation & reftitution des Fruits portée par l'Article précédent, fera pareillement prononcée contre le Grévé de Subftitution , ou celui qui l'aura recueillie , lorfqu'il aura négligé de fatisfaire aux Régles preferites par le préfent Titre , fur l'Inventaire & fur la Prifée dans les cas où il en eft tenu.

XLIII. La difpofition des deux Articles précédens fera obfervée , encore que la Subftitution fût faite au profit des Enfans de celui contre lequel ladite peine fera prononcée , & quoiqu'ils fuffent fous fa puiffance dans les Pays où la puiffance paternelle a lieu.

XLIV. N'entendons comprendre dans la difpofition des trois Articles précédens les Pupilles , Mineurs ou Interdits , ni les Eglifes, Hôpitaux , Communautés, ou autres qui jouiffent du privilege des Mineurs ; & en cas que leurs Tuteurs ou Curateurs , Syndics ou autres Adminiftrateurs, ayent négligé de fatisfaire aufdites formalités , ils feront condamnés en leur propre & privé nom en telles fommes qu'il appartiendra, au profit du premier appellé à la Subftitution, ou de l'Hôpital ci-deffus marqué.

XLV. Ceux qui feront tenus, fuivant les Régles ci-deffus preferites, de faire procéder à l'Inventaire & à la Prifée dans les cas où elle eft requife, & à la Publication & Enregiftrement de la Subftitution, feront tenus de fatisfaire aufdites formalités, encore qu'ils prétendiffent être en droit d'attaquer ladite Subftitution , contre laquelle ils ne pourront fe pourvoir qu'après les avoir remplies ; fans néanmoins que l'on puiffe s'en prévaloir contre leur prétention , & fauf, en cas qu'ils y réuffiffent , à être ordonné qu'ils feront rembourfés des frais par eux faits à ce fujet.

C ij

XLVI. N'entendons par les dispositions du présent Titre concernant la Publication & Enregistrement des Substitutions, rien innover par rapport à celles qui seroient antérieures à l'Enregistrement de l'Ordonnance de Moulins, en cas que les degrés prescrits par les Ordonnances ne soient pas encore remplis, ni pareillement à l'égard des Substitutions faites dans les Pays où l'Ordonnance de Moulins n'a pas été publiée avant l'Enregistrement des Loix qui y ont établi la formalité de la Publication & Enregistrement. Voulons que l'Edit du mois de Juillet 1707, ensemble notre Déclaration du 14 Septembre 1721, enregistrés en notre Parlement de Franche-Comté, & notre Déclaration du 22 Août 1739, enregistrée en Notre Parlement de Dauphiné, soient exécutés par rapport aux Substitutions faites dans lesdites Provinces avant les tems y mentionnés ; le tout à la charge de se conformer, pour les Publications & Enregistremens qui se feront à l'avenir, aux Régles ci-dessus prescrites sur les Jurisdictions, & les formes dans lesquelles il doit y être procédé.

XLVII. Désirant pourvoir au bien des Familles qui sont intéressées dans les Substitutions, & leur épargner les frais ausquels elles seroient exposées par la multiplicité des degrés de Jurisdiction, Voulons que toutes les contestations concernant les Substitutions Fidei-commissaires, soient portées à l'avenir en premiere Instance dans nos Bailliages, Sénéchaussées, ou autres Siéges Royaux, ressortissant nuëment en nos Cours de Parlement & Conseils supérieurs, à l'exclusion des Juges Royaux subalternes, & de tous Juges Seigneuriaux, même de ceux qui ressortissent nuëment en nos Cours & Conseils supérieurs, pour y être statué sur lesdites Contestations, à la charge de l'Appel en nosdits Parlemens & Conseils supérieurs.

XLVIII. N'entendons préjudicier par l'Article précédent au Privilege de *Committimus*, lorsqu'il s'agira de Demandes & Contestations formées entre celui qui sera appellé à la Substitution & les Héritiers, ou Représentans de l'Auteur de la Substitution, ou de celui qui en étoit chargé, sans que ledit Privilege puisse avoir lieu à l'égard des Demandes en révendication de Biens substitués, ou en révocation des Aliénations faites par les Grévés de Substitution, lorsque lesdites demandes seront formées contre des Tiers-Détenteurs, encore que celui qui auroit formé lesdites Demandes contr'eux y eût mêlé des Conclusions tendantes à faire déclarer la Substitution ouverte en sa faveur.

XLIX. Il ne pourra être rendu aucun Jugement sur ce qui concerne les Substitutions Fidei-commissaires, & l'observation des Régles prescrites par la présente Ordonnance, que sur les Conclusions de nos Avocats & Procureurs en premiere Instance, & sur celles de nos Avocats & Procureurs Généraux en nos Cours, lorsque les Contestations formées à ce sujet y seront portées par Appel ou autrement. Voulons qu'il y ait ouverture de Requête Civile contre les Arrêts qui seroient rendus sans Conclusions de nosdits Avocats & Procureurs Généraux.

L. Les Arrêts ou Jugemens en dernier reſſort qui ſeront contradictoires avec le Grévé de Subſtitution, ou un des Subſtitués, ou contre leſquels il ne pourroit être reçû à former oppoſition, ne pourront être retractés ſur le fondement d'une tierce oppoſition formée par celui au profit duquel la Subſtitution ſera ouverte, ſauf à lui à ſe pourvoir par la voye des Lettres en forme de Requête Civile, leſquelles pourront être fondées, ſoit ſur les ouvertures mentionnées dans l'Article xxxiv. du Titre xxxv. de l'Ordonnance du mois d'Avril 1667, ſoit ſur la contravention à la diſpoſition de l'Article précédent, ſoit ſur le défaut entier de défenſes, ou l'obmiſſion de défenſes valables de la part du Grévé ou Subſtitué antérieur.

LI. Le délai pour obtenir leſdites Lettres ſera de ſix mois, à compter du jour de la ſignification qui aura été faite de l'Arrêt ou Jugement en dernier reſſort, à la Perſonne ou Domicile du Subſtitué, depuis l'ouverture de la Subſtitution à ſon profit, s'il eſt Majeur, ou à la Perſonne ou Domicile de ſon Curateur, s'il étoit Interdit ; & ſi le Subſtitué eſt Pupille ou Mineur, ledit délai ne ſera compté que du jour de la ſignification qui lui aura été faite après ſa Majorité.

LII. En cas que la Subſtitution fût faite en faveur de l'Egliſe, Hôpitaux, Corps ou Communautés Laïques ou Eccléſiaſtiques, ledit délai ſera d'un an, à compter du jour de la ſignification qui ſera faite depuis l'ouverture de la Subſtitution à la Perſonne ou Domicile de leurs Syndics, ou autres Adminiſtrateurs.

LIII. Les Actes contenant des Déſiſtemens, Tranſactions ou Conventions qui ſeront paſſés à l'avenir entre celui qui ſera chargé de Subſtitution, ou qui l'aura recueillie, & d'autres parties, ſoit ſur la validité ou la durée de la Subſtitution, ſoit ſur la Liquidation des Biens ſubſtitués, & des Détractions, ſoit par rapport aux Droits de Proprieté d'Hypotéque, ou autres qui ſeroient prétendus ſur leſdits Biens, ne pourront avoir aucun effet contre les Subſtitués, & il ne pourra être rendu aucun Jugement en conſéquence deſdits Actes, qu'après qu'ils auront été homologués en nos Cours de Parlement, ou Conſeils ſupérieurs, ſur les Concluſions de Nos Procureurs Généraux ; ce qui ſera obſervé à peine de nullité.

LIV. Les Arrêts qui auront homologué leſdits Actes, ſeront exécutés contre les Subſtitués, leſquels ne pourront ſe pourvoir contre leſdits Arrêts que par la voye de la Requête Civile, ſur les moyens, & dans les délais ci-deſſus expliqués.

LV. Les diſpoſitions contenues dans le Titre premier de la préſente Ordonnance, ſur ce qui concerne la validité ou l'interprétation des Actes portant Subſtitution, la qualité des Biens qui peuvent en être chargés, la durée des Subſtitutions, & l'irrévocabilité de celles qui ſont portées par des Contrats de Mariage, ou autres Actes entre-vifs, la maniere d'en compter les dégrés, l'Hypotéque subsidiaire des Femmes mariées avant la publication des Présentes , & l'effet des Décrets qui l'auront précédé , n'auront aucun effet rétroactif, & les Contestations nées ou à naître à cet égard, seront jugées suivant les Loix & la Jurisprudence qui étoit observée auparavant dans nos Cours , lorsque la Substitution aura une datte antérieure à la publication de la présente Ordonnance , si elle est portée par un Acte entre-vifs, ou si elle est contenue dans une disposition à cause de mort , lorsque celui qui l'aura faite sera décedé avant ladite Publication.

L V I. Les dispositions du présent Titre , sur la nécessité & la forme de l'Inventaire des Effets des Successions dans lesquelles il y aura des Biens chargés de Substitution , n'auront effet qu'à l'égard des Successions qui seront ouvertes après la Publication des Présentes.

L V I I. Les dispositions portées par le présent Titre , concernant l'Ordonnance que celui qui recueillera les Biens substitués, doit obtenir, faute par le Grévé ou le précédent Substitué d'y avoir satisfait, n'auront lieu qu'à l'égard de ceux qui recueilleront à l'avenir des Biens compris dans une Substitution qui n'auroit pas encore été publiée ni enregistrée.

L V I I I. Les Régles prescrites par la présente Ordonnance , sur l'emploi ou le remploi des Effets compris dans la Substitution , sur la Publication & l'Enregistrement des Substitutions & des Actes d'emploi ou remploi, sur les Tribunaux qui doivent connoître des Contestations formées au sujet desdites Substitutions , sur la maniere de se pourvoir contre les Arrêts ou Jugemens en dernier ressort, & sur l'Homologation des Transactions ou autres conventions faites avec ceux qui seroient chargés de Substitution , seront exécutées par rapport aux Publications & Enregistremens , Actes, Demandes & Procédures qui se feront après la Publication des Présentes , encore que la Substitution fût antérieure, ou que les Jugemens, contre lesquels le Substitué voudroit se pourvoir , eussent été rendus auparavant ; & à l'égard des Publications & Enregistremens , Actes, Demandes & Procédures qui auroient été faits avant la Publication de la présente Ordonnance, il y sera pourvû en cas de contestation , suivant les Loix & la Jurisprudence qui ont été observées jusqu'à présent en nos Cours.

Voulons au surplus, que la présente Ordonnance soit gardée & observée dans toute l'étendue de notre Royaume , Terres & Pays de notre obéissance, à compter du jour de la Publication qui en sera faite. Abrogeons toutes Ordonnances, Loix , Coutumes , Statuts & Usages différens , ou qui seroient contraires aux dispositions y contenues. SI DONNONS EN MANDEMENT à nos amés & féaux les Gens tenans nos Cours de Parlement & Conseils supérieurs, Grand-Conseil , Chambre des Comptes, Cour des Aydes , Baillifs , Sénéchaux, & tous autres nos Officiers, que ces Présentes ils gardent , observent & entretiennent, faſſent garder, obſerver & entretenir; & pour les rendre notoires à nos Sujets, les faſſent lire, publier & regiſtrer. C A R tel eſt notre plaiſir : & afin que ce ſoit choſe ferme & ſtable à toujours, Nous avons fait mettre notre Scel à ceſdites Préſentes. D o n n e' au Camp de la Commanderie du Vieux-Jonc au mois d'Août, l'an de grace mil ſept cent quarante-ſept, & de notre Regne, le trente-deuxiéme. Signé, L O U I S. *Et plus bas*, Par le Roy, P h e l y p e a u x. *Viſa*, D a g u e s s e a u. Et ſcellée du grand Sceau de Cire verte, en lacs de Soye rouge & verte.

Regiſtrée, oui, & ce requerant le Procureur Général du Roy; pour être exécutée ſelon ſa forme & teneur; & Copies collationnées envoyées aux Bailliages & Sénéchauſſées du Reſſort, pour y être lûë, publiée & regiſtrée : Enjoint aux Subſtituts du Procureur Général du Roy d'y tenir la main, & d'en certifier la Cour dans le mois, ſuivant l'Arrêt de ce jour. A Paris en Parlement le vingt-ſept Mars mil ſept cent quarante-huit. Signé, Y S A B E A U.

A PARIS, chez P i e r r e - G u i l l a u m e S i m o n, Imprimeur du Parlement, au bas de la rue de la Harpe, à l'Hercule. 1748.